Wassernutzung und ihre Auswirkungen im Colorado - Einzugsgebiet

STAUDÄMME IM SÜDWESTEN DER USA UND IHRE EINFLUSS AUF DIE NATUR UND FREIZEITAKTIVITÄTEN

VON INGOLD ALBISSER

STUDIENARBEIT

PHILIPPS-UNIVERSITÄT MARBURG

1

ISBN: 151728399X
ISBN-13: 978-1517283995

Inhalt

1. Einleitung 5

2. Lage und Abgrenzung des Einzugsgebietes...........................6

3. Kurzbeschreibung des Flussverlaufes 8

4. Nutzung des Colorado River...9

4.1. Staudämme und Stauseen 9

4.2. Gesetze zur Nutzung des Colorado-River.......................23

4.3. Landwirtschaft 25

4.3.1. Arizona 26

4.3.2. Kalifornien...26

4.3.3. Colorado...27

4.3.4. Nevada 28

4.3.5. New-Mexiko...29

4.3.6. Utah 29

4.3.7. Wyoming...30

4.4. Erholungs- und Freizeitnutzung 32

5. Auswirkungen der Nutzung auf Tierwelt und Vegetation...34

6. Auswirkungen der Nutzung auf das Wasser 36

7. Lösungsansätze 36

8. Schluss...37

9. Abbildungsverzeichnis 39

9.1.   Abbildungen 39

9.2.   Tabellen..40

10.   Literaturverzeichnis 40

10.1. Bücher..40

10.2. Internet 41

1. Einleitung

Das Wasser der Ursprung allen Lebens ist, zu leicht vergessen wir das heute. Der Bach der vor unserer Tür fließt, der See, in dem wir im Sommer immer baden und der Wasserhahn, der uns täglich sauberes Wasser liefert. Wasser ist für uns selbstverständlich. Wir Menschen schenken diesem Element keine große Bedeutung. Die Menschheit verschmutzt das Grundwasser mit Pestiziden und Dünger, wilde Bäche werden zu Betonkanälen ausgebaggert und die Meere werden überfischt. Auch der Colorado-River wird durch die Menschen stark beeinflusst. Im Folgenden wird auf die Nutzung des Colorado-Rivers durch den Menschen und auf die Auswirkungen eingegangen.

2. Lage und Abgrenzung des Einzugsgebietes

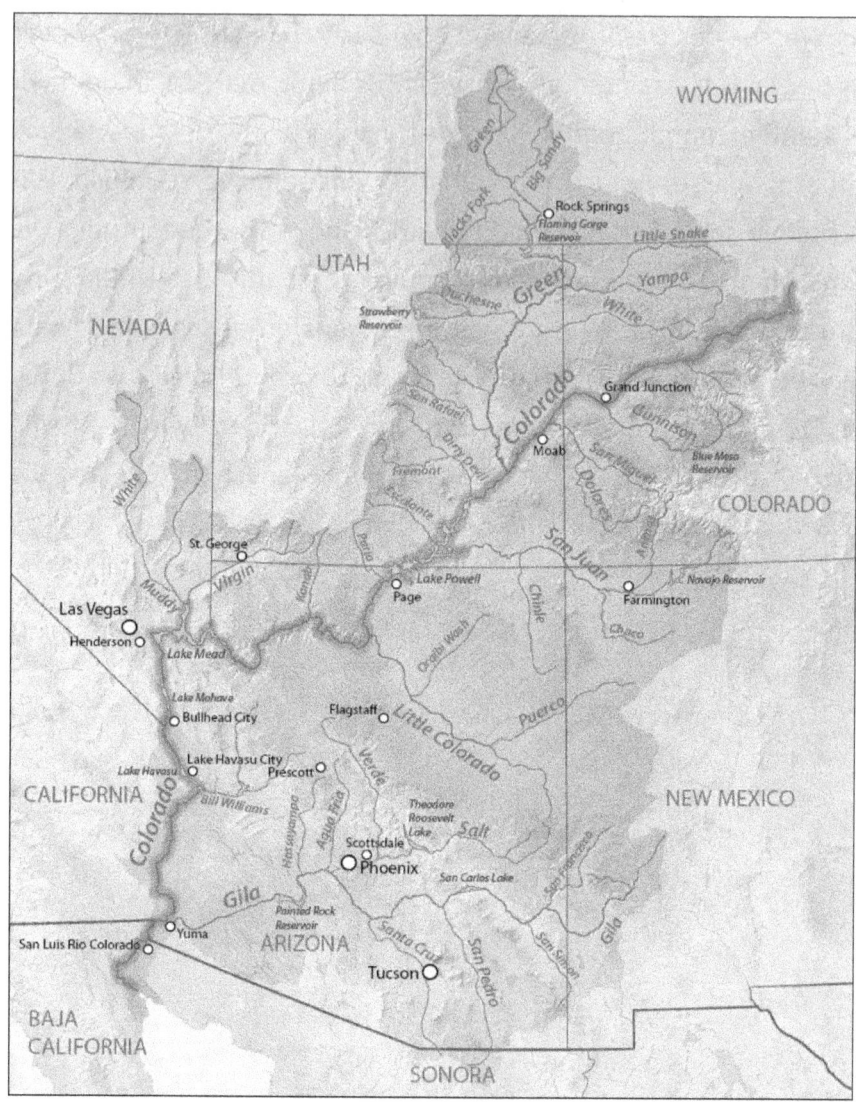

Abb.1: Einzugsgebiet des Colorado-River

Autor: Shannon - Lizenz: Course data from DEMIS Mapserver and
The National Map, public domain

Der Colorado-River ist der wichtigste und größte Fluss im Südwesten der Vereinigten Staaten von Amerika. Er ist 2.333 km lang und somit der längste Fluss westlich der Rocky Mountains. 145 Kilometer durchfließt der Colorado-River Mexiko. Seinen Namen erhielt er von einem spanischen Seefahrer namens Hernando de Alarcón (1540-1541). Er gab ihm den Namen *Colorado* (spanisch: rotgefärbt) aufgrund der Farbe des Wassers, die von dem roten Sediment herrührt, das der Fluss transportiert (vgl. http://www.canyoncrawler.de/id185.htm,).

Zusammen mit seinen Nebenflüssen leitet der Colorado-River teilweise das Wasser von sieben Bundesstaaten, nämlich Colorado, Wyoming, Nevada, Utah, Arizona, New Mexiko und Kalifornien ab, dies ergibt ein Einzugsgebiet von ca. 647.497 Quadratkilometer. Davon befinden sich aber nur 5.180 Quadratkilometer in Mexiko und der Rest liegt in den Vereinigten Staaten von Amerika

3.   Kurzbeschreibung des Flussverlaufes

Der Fluss entspringt im Rocky-Mountain-Nationalpark etwas westlich der Kontinentalwasserscheide im Norden des US-Bundesstaates Colorado, nordwestlich von Denver. Im Bereich des Colorado Plateaus hat der Colorado-River mit seinen Nebenflüssen durch Erosion viele einzigartige Landschaften entstehen lassen. Auf den ersten 1 600 Kilometern durchquert der Colorado-River eine Reihe tiefer Schluchten und Canyons, unter anderem den Grand Canyon, die durch die aushöhlende Kraft seiner Strömung und aufgrund der Schleifwirkung mitgeführter Gerölle entstanden sind. Er fließt von den Bergen der Rocky Mountains in vorwiegend südwestlicher Richtung durch Colorado in den Südosten von Utah, wo sein größter Nebenfluss, der Green River, in ihn einmündet. Dieser Bereich des Colorado-Rivers wurde früher Grand River genannt. Erst im Jahre 1921 wurde er auf Antrag des Staates Colorado vom amerikanischen Kongress in Colorado-River umbenannt. Nachdem er den nördlichen Teil Arizonas durchquert hat, schneidet sich der Colorado-River 436 Kilometer lang in westlicher Richtung tief ein in den majestätischen Grand Canyon. Dann fließt er in generell südlicher Richtung und bildet die Grenze zwischen Arizona und den westlicheren Bundesstaaten Nevada und Kalifornien. Nahe Yuma (Arizona) überquert der Fluss die Grenze nach Mexiko um nach 145 Kilometern seine Mündung am Golf von Kalifornien, zwischen den Bundesstaaten Baja California und Sonora, einer lang gezogenen Bucht des Pazifischen Ozeans, zu erreichen. Außer dem Green River gibt es noch folgende wichtige Nebenflüsse:

Dolores und Gunnison in Colorado, San Juan River in Utah sowie Little Colorado und Gila River in Arizona

(vgl. http://www.canyoncrawler.de/id185.htm).

4. Nutzung des Colorado River
4.1. Staudämme und Stauseen

VERDAMMUNGEN	SEEN	STÄDTE	PARKS, WILDNIS u. Erholungsbereiche
Glen Canyon Staudamm	Lake Powell	Page, AZ Moab, UT	Arches NP Canyonlands NP Glen Canyon NRA Reef NP Capitol Rainbow Bridge NM
Hoover Staudamm	Lake Mead	Str. George, UT Las Vegas, NV	Grand Canyon NP Lake Mead NRA Valley of Fire NP Bryce NP Zion NP
Davis Staudamm	Lake Mohave	Laughlin, NV Groppec City, AZ	Grapevin Canyon
Parker Staudamm	Lake Havasu	Needle, Ca Blythe, Ca	Riverside Regional Park London Bridge Park Wildlife Refuge

			Topock
Imperial Staudamm Laguna Staudamm	Lake Martinez	Yuma, AZ EL Centro, Ca	Imperial Sand Dunes National Recreation Area Territorial Yuma Prison State Park Yuma Crossing State Park Salton Sea State Park rec. area Picacho state recreation area

Tab.1: Übersicht über die Staudämme (verändert)

http://www.desertusa.com

Eine große Zahl von Stauanlagen ist entlang des Colorado-River und seiner Nebenflüsse gebaut worden, wie beispielsweise den Hoover-Staudamm, der den Lake Mead in der Nähe von Las Vegas aufstaut, und der Glen-Canyon-Staudamm am Lake Powell. Zum einen wird dadurch der gewaltige Wasserfluss des Colorado-River, besonders bei Hochwasser, kontrolliert, zum anderen wird Trinkwasser, Wasser zur Bewässerung sowie Energie aus Wasserkraft an die umliegenden Gebiete abgegeben. Viele dieser Dämme hat das US Büro der Reklamation gebaut. Über Kanäle gelangt das Wasser des Colorado-River bis in die großen Städte Los Angeles, San Diego, Phoenix und Tucson. Diese Dämme haben geholfen, die trockenen und halbtrockenen Regionen, durch die der Fluss fließt, urbar zu machen, obgleich dadurch die Wassermenge, die die Flussmündung erreicht, drastisch reduziert wurde. Das Imperial Valley in Südkalifornien ist ein ausgezeichnetes Beispiel für Land, das durch das Wasser des Colorado-River wieder nutzbar wurde. Eine Reihe von Wasserreservoirs sind in Erholungsgebiete eingegliedert und zu Touristenzentren geworden

(vgl. http://www.canyoncrawler.de/id185.htm).

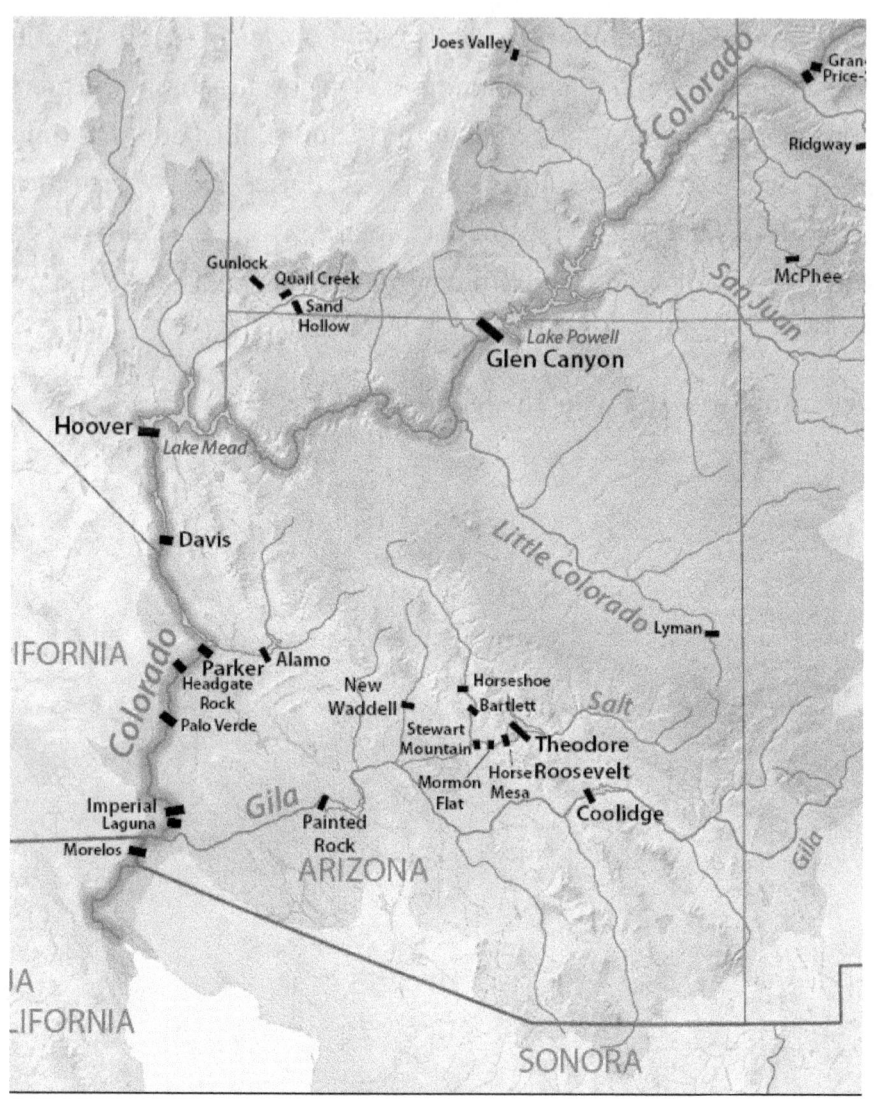

Abb.2 : Karte der wichtigsten Staudämme am Colorado-River
Autor: Shannon1

Lizenz: GNU Free Documentation License

Der bekannteste Staudamm am Colorado-River ist der Hoover Damm, der den Fluss am Black Canyon aufstaut und den Meadstausee bildet, einen der größten künstlichen Wasserreservoir Amerikas. Dieser Damm wurde zur Zeit der großen Depression erbaut, 1931 wurde begonnen und 1935 wurde der letzte Beton gegossen, zwei Jahre vor dem Zeitplan, um das Wasser des Colorado-Rivers nutzen zu können und eine Überflutungskontrolle zu haben. Präsident Franklin D. Roosevelt weihte die Verdammung an 30. September 1935 ein. Der erste Generator ging 1936 in den kommerziellen Betrieb. Der Hoover Staudamm steuert die Fluten des Colorado-River, während er das Wasser für die Bewässerung im städtischen und industriellen Gebrauch speichert. Die Verdammung liefert auch hydroelektrischen Strom, bietet Erholung und bildet Fische- und Wildnislebensraum. Das Colorado-flußwasser bewässert mehr als eine Million Morgen Land in den Vereinigten Staaten und fast eine Million Morgen in Mexiko. Mit diesem Wasser werden städtische und industrielle Bedürfnisse von über 14 Million Leuten gefüllt. Das Wasser aus dem Hoover Staudamm erzeugt preiswerte hydroelektrische Energie für den Gebrauch in Nevada, im Arizona und in Kalifornien. Ungefähr 4 Milliarden Kilowattstunden Energie, genug für 500.000 Häuser, werden jährlich erzeugt. Das Colorado-flußwasser, das hinter dem Hoover Staudamm gespeichert wird, bewässert einiges von Amerikas reichstem Ackerland. In den Senken, welche im warmen Ödlandklima liegen, entlang des Flusses wachsen eine breite Vielzahl von Früchten, Gemüse und anderer Nichtüberschussgetreide während des ganzen Jahres. Hauptbewässerungs-projekte, die von der

Steuerung und von der Regelung des Hoovers Staudammes profitieren, umfassen die Senke Palo Verde, Yuma und Gila im Arizona und die Coachella Senken in Kalifornien. Einige Landwirte, eine Anzahl von kleineren Städten und eine indische Gemeinschaft zwischen Phoenix und Tucson profitieren auch von der Wasserverwendbarkeit. Der Hoover Staudamm zählt zu Amerikas 7 Modernen Zivilen Technik Wundern und ist mit ca. 220 m der größte Staudamm der Vereinigten Staaten.

Abb.3: Der Hoover-Damm

In Abb.3 ist der Hoover Damm zu sehen, als die Notfallschleusen zu Test-zwecken kurzfristig geöffnet wurden. Dann schießen mehr als 10.000 Tonnen Wasser pro Sekunde über die so genannten Bypass-Spillways an den Turbinen vorbei direkt ins Unterwasser des Colorado- River. Die Abb.4 zeigt den Hoover Damm von der Kraftwerksseite des Colorado aus. Das Gebäude längs des Flusses ist ein Teil des gigantischen Kraftwerkes vom Hoover Damm. In den größten Wasserkraftgeneratoren der Welt wird die elektrische Energie für Millionen von Menschen erzeugt.

Abb.4: Luftbild des Hoover-Damms

Autor: Chris Siavrakas

Lizenz: Creative Commons Attribution 3.0 Unported

Abb.4 zeigt sehr schön die Dimensionen vom Hoover Damm. Ganz links das Wasser des Lake Mead, das an dieser Stelle fast 200 Meter tief ist, und rechts der Unterlauf des Colorado River, flankiert von den beiden Kraftwerkshälften. Deutlich erkennt man auch die Intake Towers, welche kurz vor dem Damm im Lake Mead gründen, und durch Brückensegmente mit dem Damm verbunden sind. Obwohl im Bild zwischen Ober- und Unterwasser des Dammes nur wenige Millimeter liegen, sind es in Wirklichkeit fast 250 Meter Höhenunterschied. Der ursprünglich benannte Boulder Staudamm wurde nach Herbert Hoover, dem 31. Präsident der Vereinigten Staaten, umbenannt. Der Hoover Staudamm wurde vollständig durch den Verkauf der hydroelektrischen Energie, erzeugt am Staudamm, finanziert. „Das 1905 gegründete Las Vegas gilt einigen Zeitgenossen als Beton, Stahl und Glas gewordene menschliche Fantasie schlechthin, für andere ist sie die Apotheose neo-liberaler Globalisierung. Nicht plötzlicher Reichtum ist hier die größte Illusion von allen, sondern die Vorstellung, dass Wasser in unbegrenztem Ausmaß zur Verfügung stünde" (SCHRÖDER 2005:1). Las Vegas liegt im südöstlichen Zipfel von Nevada, in unmittelbarer Nähe von Kalifornien und Arizona. Das Spielerparadies befindet sich in einer vegetationsarmen Wüstenlandschaft, etwa 600 Meter über dem Meeresspiegel. Im Osten der Stadt erstreckt sich der durch den Colorado River gebildete Stausee Lake Mead

(vgl. http://hometown.aol.de/hoschiberlin/reisewelt_usa.html).

Noch heute stammen 85% des Wassers für Las Vegas aus dem Hoover-Staudamm. Sinkende Wasserpegel, durch Dürreperioden bedingt, im Lake Mead ließen die Stromerzeugung um 15% fallen. Die Wassernutzung durch Hotels und Kasinos ist Gegenstand einer anhaltenden Kontroverse. Für die *Southern Nevada Water Authority* kurz SNWA, besteht hier wenig Handlungsbedarf, da die Hotelindustrie nur zu 7% an der Wassernutzung der Region Anteil hat – selbst wenn die Hotelgäste durchschnittlich 14% der im Las Vegas Valley lebenden Bevölkerung ausmachen. 80% des Wassers gingen nach Nutzung in die Wiederaufbereitung, 20% verschwänden bei der Rasenpflege und in Kühltürmen. Investitionen in die Wasseraufbereitung und Sparmaßnahmen haben den durchschnittlichen Wasserverbrauch der Hotelketten gesenkt, jedoch gibt es von Fall zu Fall drastische Unterschiede. Kritisch sieht die SNWA hingegen die Wassernutzung von Privathaushalten – 70% des Wassers verschwinden hier außerhalb der Häuser in Rasenflächen und bei der Autowäsche. Der tägliche Pro-Kopf-Verbrauch liegt bei 720 Litern Wasser, der Wasserpreis gehört zu den niedrigsten im US-amerikanischen Westen. Die anhaltende Dürre hatte zur Folge, dass verschiedene Wassersparmaßnahmen verabschiedet wurden, die Chancen haben, nun permanent rechtskräftig zu bleiben. Diese Maßnahmen beinhalten saisonale Nutzungsbeschränkungen, streng kontrollierte Wasser-Budgets von Golfplätzen, Begrenzungen der Autowäsche, keine Genehmigung für Swimmingpool-Neubauten, Verbot von neuen Rasenflächen in Vorgärten und finanzielle Anreize für einen Rückbau der Rasenflächen. Dafür wurde das Programm *Cash for Grass* 1999 gestartete. (vgl. SCHRÖDER ,2005). Las Vegas braucht immer mehr Wasser, das der Nachbarn. Dazu hat die SNWA in November 2005 eine Liste mit 22 Empfehlungen zur Lösung des Wasserproblems herausgebracht. Darin sind Einsparungen, bessere Management des vorhandenen Wasserangebots und Erschließungen neuer Ressourcen enthalten. Somit soll dem steigenden Wasserbedarf in den nächsten 30 Jahren Schritt gehalten werden. Das Kernstück dieser Maßnahmen ist die Pipeline aus Counties Clark, Lincoln und White Pine. Dieses Zwei-Milliarden-Dollar-Projekt soll Grundwasser aus diesen ländlichen Gebieten Nevadas nach Las Vegas pumpen. Dieses Projekt soll 2008 das erste Wasser Richtung Las Vegas führen, dazu wird aber noch auf das grüne Licht von den Umweltbehörden des Bundes und der Nevada Division of Water Resources gewartet.

Ohne die Erschließung neuer Quellen wird der Wasserbedarf im Las Vegas Valley voraussichtlich innerhalb der nächsten fünf Jahre die zur Verfügung stehende Wassermenge übersteigen. 2035 soll der erwartete Bedarf das gegenwärtige Angebot um 550 Kubikhektometer Wasser übertreffen. Sparmaßnahmen sollen den Pro-Kopf-Verbrauch in den nächsten 30 Jahren um 10% senken – so sollen jährlich 60 Kubikhektometer Wasser eingespart werden. Kritiker befürchten, dass all die gegenwärtigen Aktivitäten zum Anzapfen neuer Wasserquellen und der Erweiterung des Wasser- Portfolios von Las Vegas in spätestens 30 Jahren nichts mehr wert sein werden – wenn der Bedarf der Stadt ein weiteres Mal die verfügbaren Ressourcen übersteigt.

Vereinzelte Stimmen fordern, man solle sich lieber endlich um das Wachsen der Stadt selber kümmern – und um die Konsequenzen. Und das man sich endlich bewusst werde, das man hier nicht nur in einer Trockenperiode lebt, sondern in der Wüste. Der Glen Canyon Damm im Norden Arizonas, etwas südlich der Grenze zu Utah, ist der dritthöchste Damm in den Vereinigten Staaten (vgl. http://www.canyoncrawler.de/ id185.htm).

Der erste Grundstein für diesem Damm wurde im Juni 1960 gelegt, und im September 1963 in Betrieb genommen. 1964 wählte die amerikanische Gesellschaft der Bauingenieure die Glen Canyon Verdammung als die großartigste Technikausführung des Jahres. Gesamtkosten des Glen Canyon Projektes, einschließlich der Verdammung, des Kraftwerks und der Zufuhrstraßen beliefen sich bei ca. 272 Million Dollar. Das Glen Canyon Kraftwerk hat 8 elektrische Generatoren. Diese Generatoren werden hydroelektrische Generatoren genannt, weil das Wasser, das vom See Powell kommt, die Ausgangsenergie liefert. Somit wird auch an diesem Staudamm elektrische Energie oder Elektrizität produziert (vgl. http://www.desertusa.com/).

Hinter diesem Damm wird die Feinkohle und die Sedimente, welche dem Fluss seine ursprüngliche Farbe gaben, eingeschlossen. Deshalb kann man heute nicht mehr nachvollziehen, wie sich der Name des Flusses hergeleitet. Vor dem Aufbau der Glen Canyon Verdammung wurde durch den Fluss ca. 500.000 Tonnen Feinkohle und Sediment pro Tag getragen. Das Hauptziel dieser Verdammung war es, zu verhindern dass sich die Feinkohle hinter einer anderen Verdammung aufbaut

(vgl. http://www.kaibab. org/misc/gc_coriv.htm).

In dem Artikel *Schlammpackung für den Grand Canyon* vom 23. November 2004 wird von einem riesigen Experiment amerikanischer Forscher berichtet. Es handelt sich um die Flutung des Grand Canyons, um eine Art natürliche Verschmutzung wieder herzu-stellen. Dafür wurden die Schleusen des Glen Canyon Staudamms geöffnet um den Colorado-River nicht mit Wasser, sondern mit Sediment, besonders Sand, zu versorgen. Grund für dieses Projekt ist, dass der Colorado-River nach Sand hungert. Über Jahrtausende wurde mit Schmelzwasser große Mengen Sand in den Colorado-River gespült und stromabwärts transportiert. Das Sediment lagerte sich an bestimmten Stellen im Flusslauf ab und bildete Sandbänke und schirmte Bereiche mit ruhig fließendem Wasser ab. Diese waren Lebensraum etwa für Fische, die dort laichten und Pflanzen und Landtiere, die an den sandigen Untergrund angepasst sind. Doch nach dem Bau des Glen Canyon Staudamms 1963 änderte sich der Sandzufluss. Den Staudamm, der zur Stromerzeugung genutzt wird, passiert nur klares Wasser ohne größere Sedimentfracht. Das Ergebnis dieses Experiments war, dass sich Sanddämme innerhalb von 13 Stunden gebildet haben

(vgl. http://www. netzeitung.de/wissenschaft/314292.html).

Der Parker Staudamm überspannt den Colorado-River zwischen Arizona und Kalifornien. Er liegt 155 Meilen abwärts gerichtet vom Hoover Damm. Er wurde errichtet zwischen 1964 und 1968 durch das Büro der Reklamation. Der See Havasu ist der Vorratsbehälter hinter dem Parker Staudamm. Er ist ungefähr 45 Meilen lang und kann fast 211 Milliarde Liter Wasser speichern. Jedes Jahr liefert dieser Damm 488 Milliarden Liter Coloradoflußwasser für die Städte, Industrien, indianischen Gemeinschaften und landwirtschaftlichen Bereiche im zentralen und südlichen Arizona. Das Wasser wird mit Hilfe eines Beförderungssystems zu den Nutzern geleitet. Jedes Jahr werden mehr als 9,5 Milliarde Kilowattstunden hydroelektrische Energie vermarktet und das bringt ein Einkommen von mehr als 140 Millionen Dollar. (vgl. http://www.desertusa.com/).

Insgesamt gibt es sechs verschieden Dämme entlang des Colorado-Rivers. Sie dienen der Energiegewinnung (Elektrizität), dem Flutschutz, als Speichersysteme und Weiterleitung des Wassers in entlegene Gebiete zur Bewässerung, Versorgung der Menschen mit Trinkwasser und Brauchwasserversorgung. Diese Staudämme versorgen die größten Städte entlang des Flusses mit Strom und Wasser, wie Las Vegas, San Diego und Los Angeles.

4.2. Gesetze zur Nutzung des Colorado-River

Ein Zitat von Kathy Jacobs: „Ich kenne keinen Wasserlauf auf der Welt, dessen Verwendung derart strikt reguliert wird" beschreibt die Situation am Colorado-River sehr deutlich. Es gibt lokale Richtlinien, Gesetze der Bundesstaaten, Verträge und gut 50 Gerichtsentscheide. Alle zusammen regeln sie das Recht des Flusses. Die erste Abmachung datiert aus dem Jahre 1922 teilt, bis heute gültig, das Wasser zwischen den Colorado-Staaten auf (vgl. http://zeus.zeit.de/text/2005/32/U-D_9frre- USA). Der Colorado-River Vertrag regelt die gleichen Rechte für die Anrainerstaaten am Oberlauf und am Unterlauf. Die Anrainerstaaten am Oberlauf sind Wyoming, Colorado, Utah, New Mexiko und am Unterlauf liegen Nevada, Arizona und Kalifornien. Aus diesem Vertrag wurden die indianischen Stämme ausge-schlossen, obwohl sie die ältesten Wasserrechte auf den Fluss haben. 1928 wurde die Errichtung des Boulder- später Hoover-Staudamm festgelegt. Dies wurde aber erst 1935 durch-

geführt. Und 1936 ging der erste Staudamm in Betrieb. Das 1956 festgelegte Colorado-River Speicher Projekt legt die Errichtung weiterer Staudämme fest. So wurde dann der Glen Canyon Staudamm und der Parker Staudamm errichtet. Heute wird der Colorado-River auf zahlreiche Weise genutzt und versorgt ca. 30 Millionen Menschen, die im Einzugsgebiet des Flusses leben. Die jährliche Wasserzuteilung sieht wie folgt aus Nevada bekommt ½ Milliarde Kubikmeter, Arizona 3½Milliarden Kubikmeter, Kalifornien 5½ Milliarden Kubikmeter und Mexiko 2 Milliarden

Kubikmeter. Somit ist wie im oberen Zitat erwähnt das Wasser des Colorado-River bis auf den letzten Tropfen verplant.

4.3. Landwirtschaft

Daniel Webster sagte über die Landwirtschaft: „Wenn Ackerbau anfängt, folgen andere Künste. Die Landwirte sind folglich die Gründer der menschlichen Zivilisation." Und so, glauben viele, waren es auch mit Westamerika. Das Wasser des Colorado-River, versorgt fast 25 Million Menschen und bewässert mehr als 1.8 Million Morgen Land. Ca. 15 Prozent des Getreides der Vereinigten Staaten und ungefähr 13 Prozent seines Viehs werden im Einzugsgebiet des Colorado-River produziert und bringt mehr als 1.5 Milliarden Dollar in Jahr ein. Als erstes wurden in diesem Einzugsgebiet in Jahre 1867, durch einen ehemaligen Soldaten namens Jack Swilling, Mais, Gerste und Weizen angebaut. 1868 erreichte das Vieh- und Schafgeschäft dem Westen der Vereinigten Staaten. 1880 wurde die Hochkonjunktur erreicht mit 1,5 Millionen Vieh und 8 Millionen Schafe im südlichen Arizona. Verdammungen, Kanäle, Tunnels und Vorratsbehälter wurden durch die Menschen errichtet um die Bewässerung der landwirtschaftlichen Produkte zu sichern. Zuerst wurde dies auf privater Ebene durchgeführt, doch diese hielten nicht länger als 10 Jahre, und später hat sich der Staat mit dieser Aufgabe befasst. Zuerst wurden nur kleine Bereiche mit dem Wasser des Colorado-Rivers bewässert, und heute sind es mehr als 1,75 Millionen Morgen Land.

4.3.1. Arizona

Heute werden fast 900.000 Morgen Land jedes Jahr in Arizona beerntet. Dazu bezieht Arizona das Wasser vom Zentralen Arizona-Projekt, Gila Projekt, Wellton-Mohikaner Projekt und Yuma Projekt. Der Erlös aus den landwirtschaftlichen Produkten liegt bei 1,8 Milliarden Dollar. Angebaut wird Baumwollfussel, Baumwollsamen, Heu, Weizen, Gerste, Mais, Kartoffeln, Kopfsalat, Zwiebeln, Luzerne, Blumenkohl, Brokkoli, Karotten, Wassermelonen, Pampelmusen, Orangen, Zitronen und Trauben. Arizona wird 25 Prozent des Wassers des Colorado-Rivers zu Verfügung gestellt und 80 Prozent davon gehen in die Landwirtschaft

(vgl. http://www.crwua.org_/colorado_river/agriculture.htm).

4.3.2. Kalifornien

Kalifornien ist der Anrainerstaat mit der größten Zahl am Morgen, welche unter Bewässerung des Colorado-Rivers stehen. Der größte Benutzer ist die imperiale Senke. Sie bezieht ihr Wasser aus dem imperialen Staudamm, um seine fast

500.000 Morgen zu bewässern. Das Gebiet gehört zu den produktivsten landwirtschaftlichen Gebieten in der Welt, aufgrund der Verwendung des Wassers des Colorado- Rivers und einem guten Klimas. Dieses ist gekennzeichnet durch einem mäßigen Herbst, Winter und Frühling und einen rauen Sommer.

Hier ist Feuchtigkeit mit hohen Temperaturen verbunden. Jährlich wird fast 1 Milliarde Dollar erwirtschaftet. Jeder dritte Job in der imperialen Senke hängt mit der Landwirtschaft zusammen. In dieser Senke wird Getreide, Gemüse und Früchte angebaut. Weiterhin wird das Vieh eingeschlossen, aber auch Karotten, Kopfsalat, Zuckerrüben, Zwiebeln und Spargel werden angebaut. Der zweit größte Nutzer für landwirtschaftliche Zwecke ist die Palo Verde Senke. Diese Senke umfasst ca. 121.000 Morgen und ca. 110.000 Morgen werden landwirtschaftlich genutzt. Auch diese klimatisch sehr für die Landwirtschaft geeignet. Getreide wird das ganze Jahr über angebaut und geerntet. Das Hauptgetreide sind Luzerne, Baumwolle, Zitrusfrüchte, Weizen, Kopfsalat und Zwiebeln. Jährlich wird 60 bis 158 Millionen Dollar erwirtschaftet

(vgl. http://www.crwua.org_/colorado_river/agriculture.htm).

4.3.3. Colorado

Fast 90 Prozent des Wassers des Colorado-Rivers wird in der Landwirtschaft verwendet. Es gibt mehr als eine Million Morgen Ackerland im Colorado. Der Colorado-River bewässert fast zweidrittel dieser Fläche. Hauptgetreide in Colorado sind Mais, Heu, Weizen, Gemüse und Früchte. In einem Jahr trägt die Landwirtschaft mit 1.1 Milliarden Dollar der Wirtschaft des Bundesstaates bei.

(vgl. http://www.crwua.org/colorado_river/agriculture.htm).

4.3.4. Nevada

Nevada ist der trockenste Bundesstaat entlang des Colorado-Rivers. Der Hoover Staudamm bewässert 1.25 Million Morgen in den Vereinigten Staaten und in Mexiko. Nevada verwendet keinen Tropfen des Wassers vom Colorado-River für die Landwirtschaft. Das Wasser wird nur für den städtischen und industriellen Gebrauch verwendet

(vgl.http://www.crwua. org/colorado_river/agriculture.htm).

4.3.5. New-Mexiko

Der Colorado-River bewässert ca. 100.000 Morgen im nordwestlichem New-Mexiko. Das Geräusch der Sprenger bricht die Ruhe der ruhigen Landschaft San Juan. Ca. 61.000 Morgen werden mit dem Sprengern bewässert. Die restlichen 39.000 Morgen empfangen Flutbewässerung. Angebaut wird Luzerne und bringt der Wirtschaft New-Mexikos jährlich 35 bis 60 Millionen Dollar ein. Luzerne ist das Hauptgetreide in dieser Region mit ca. 35 Prozent. Weide folgt an zweiter Position mit ca. 23 Prozent. Mais, kleine Körner und trockene Bohnen betragen 11 Prozent, 10 Prozent und 8 Prozent. Außerdem wird Weizen, Gerste, Baumwolle, Erdnüsse, Zuckerrüben, Kartoffeln, Kopfsalat, Zwiebeln, Paprikas, Heu, Obstgartengetreide angebaut

(vgl. http://www.crwua.org/colorado_river/agriculture. htm).

4.3.6. Utah

Heute werden in Utah 340.000 Morgen mit Coloradoflußwasser bewässert. Utahs landwirtschaftliche Industrie beinhaltet den Anbau von Gerste, Mais und Hafer, Kartoffeln, Zwiebeln und Tomaten, Äpfel, Kirschen, Aprikosen und Pfirsiche. Weiden des Rinder, der Schafe und der Ziegen ist auch vor-handen. Und die Herstellung von Honig und Anbau aller Arten von Beeren gehört auch dazu

(vgl. http://www.crwua.org/colorado_river/agriculture.htm).

4.3.7. Wyoming

Heute gehört die Landwirtschaft, neben den Mineralien, Erholung und Tourismus zu Wyomings Hauptindustrien. Ungefähr 56 Prozent Wyoming Landes, also fast 35 Millionen Morgen, werden vom Colorado-River bewässert. Jährlich bringt die Landwirtschaft in Wyoming 1 Milliarde Dollar ein. Vieh und Viehprodukte führen mit ca. 78 Prozent

gefolgt von der Wolleproduktion. Luzerne, kleine Körner und gebürtiges Gras sind vorherrschend in der landwirtschaftlichen Produktion. Wyomings Landwirtschaft stellt eine integrale Verbindung zwischen dem Wohl seiner Leute und seiner Wildnis dar (vgl. http://www.crwua.org /colorado_river/agriculture.htm). Zusammenfassend lässt sich sagen, dass zwei Drittel des Wassers des Colorado Rivers und seiner Nebenarme zur Bewässerung in der Landwirtschaft verwendet wird. Der Rest versorgt urbane Gebiete, verdunstet oder liefert Wasser für die Vegetation entlang der Flussufer. Bereits 1871 gab John Wesley Powell zu bedenken, dass die Bedingungen nur eine geringe landwirtschaftliche Nutzung mit Bewässerung in der Gegend zuließe (SCHRÖDER 2005:1). Seit zehn Jahren wird in der Landwirtschaft organisch gedüngt. Modernste Maschinen werden eingesetzt, um wettbewerbsfähig zu bleiben. Die Landwirtschaft ist zu einem hochtechnisierten und komplizierten System geworden

(vgl. http://homepage.hispeed.ch/heiner.brogli/Video.htm).

Es werden nicht nur Felder mit den Colorado-River Wasser bewässert, sondern auch die Tierhaltung im ariden Süden profitiert davon. Aber die Landwirtschaft bringt auch große Probleme mit sich, aufgrund des hohen Einsatzes von Düngemitteln (besonders Nitrate), Pestiziten und Schädlingsbekämpfungsmitteln. Das größte Problem des Colorado-Rivers aufgrund der Landwirtschaft ist die Versalzung und Verschmutzung des Wassers.

4.4. Erholungs- und Freizeitnutzung

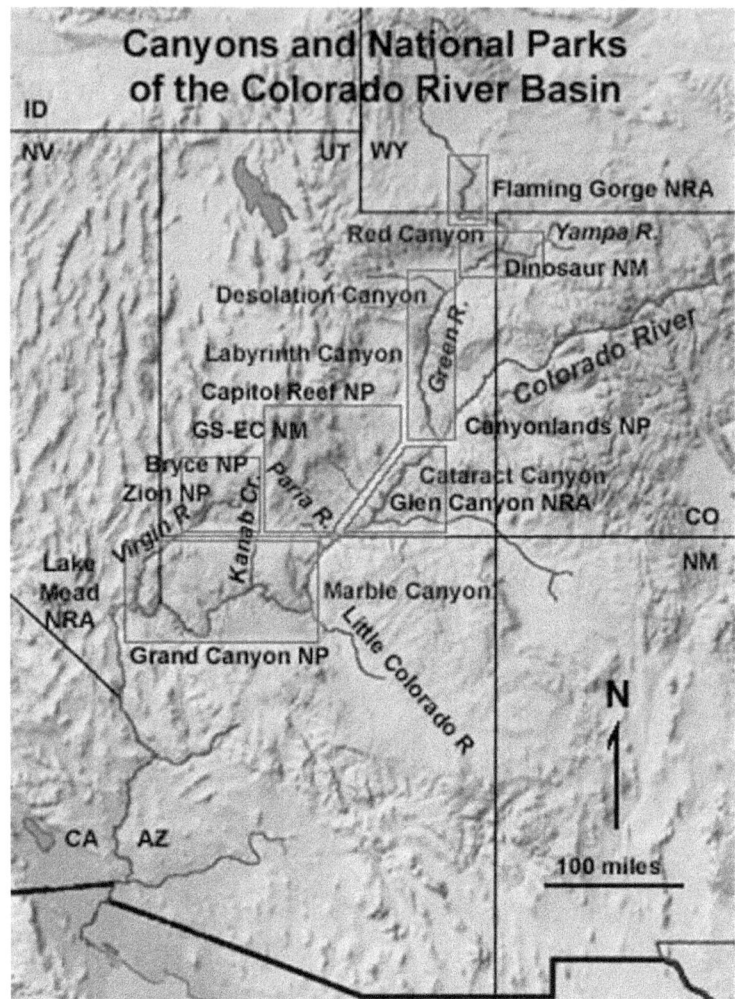

Abb.5: Canyons und Nationalparke

http://3dparks.wr.usgs.gov/

Der Colorado-River und seine Stauseen bilden einen schönen Bereich der Erholung und Freizeitgestaltung. Entlang des Flusses liegen zahlreiche Nationalparke (Zion Nationalpark, Bryce Schlucht Nationalpark, Cayonlands Nationalpark, Bogen Nationalpark, Capitol Reef Nationalpark und der Grand Canyon Nationalpark) und Canyons (Red Canyon, Desolation Canyon, Labyrinth Canyon, Marble Canyon und Cataract Canyon). Aber auch Erholungsgebiete wie der Glen-Schlucht-Erholungsbereich/See Powell oder die Erholungsbereiche der Seen Mead und Havasu liegen am Colorado-River. Diese Bereiche werden durch den Menschen auf unterschiedliche Weise genutzt. Einige gehen schwimmen, angeln, wandern, Fahrrad fahren, mieten sich Boote oder entspannen sich auf den zahlreichen Sandstränden entlang des Flusses. Andere wollen sich sportlich betätigen, dazu stehen ihnen viele Dinge zur Verfügung, wie Wasserski, Schlauchboot fahren, Segeln, Surfen usw. Und wiederum andere nutzen diese Gebiete um ihren Hobby der Fotographie nach zugehen oder ein bisschen die Umgebung zu erforschen. Aber auch Sehenswürdigkeiten ziehen die Menschen an. Wie zum Beispiel die London Brücke an See Havasu, der großartige Grand Canyon im Grand Canyon Nationalpark oder die Stadt Las Vegas in Nevada.

Aber nicht nur die Nationalparke und Canyons ziehen die Menschen in Massen an. Auch die Spielermetropole Las Vegas, die Städte San Diego und Los Angeles sind Anziehungspunkte. Der Tourismus spielt im Colorado-River Einzugsgebiet eine große Rolle. Und jedes Jahr kommen mehr Menschen. Und die Hotels und Kasinos werden immer größer und brauchen immer mehr

Elektrizität und Wasser. Dabei wird nicht beachtet das Las Vegas in einer Wüste liegt. Die Hotel-, Spiel- und Erholungsindustrie ist neben der Landwirtschaft der zweit wichtigste Wirtschaftszweig im Colorado-River Einzugsgebiet.

5. Auswirkungen der Nutzung auf Tierwelt und Vegetation

Abb.6: Der Bonytail Döbel
Autor Brian Gratwicke

Lizenz Creative Commons Attribution 2.0 Generic

Früher war der Colorado-River reich an Fischen. Die Colorado-Sacramentohechte, Razorback Sauger, Bonytail Döbel (Abb. 6)

34

und der Buckeldöbel sind Fischarten, welche früher zahlreich in Fluss vorhanden. Jedoch sind ihre Zahlen drastisch gesunken. Ursachen sind äußere Einflüsse wie der Aufbau und Inbetriebnahme der Wasserprojekte. Die Staudämme haben die Wassertemperatur gesenkt. Das geänderte Klima des Colorado-River führte zu erheblichen Schäden für die gebürtigen Fische. Kleine Vögel nistet in Bereichen, wo Sträucher und Bäumen, wie Pappeln und Weiden dicht beieinander vorkommen. Diese Vegetation, die einmal entlang des unteren Colorado-Rivers vorkam, gibt es heute nicht mehr so viel. Ursachen für den Verlust dieses Lebensraumes, sind die Flussregelungen und städtischen und landwirtschaftlichen Entwicklung. Zahlreiche Umweltschutz-, Erhaltungs- und Wiederherstellungsbemühungen versuchen die Fischsituation zu verbessern. Die neu angelegten Seen bilden ein idealen Lebensraum für Fische und Wildnis die entlang der Seen leben. Dazu zählen einerseits die Fischarten Wels, Forelle und Barsch und andererseits die Bodentiere Rotwild, Kojoten, Maultiere, Eidechsen, Schlangen usw.

(vgl. http://www.crwua.org/colorado river/environment .htm).

Die Vegetation entlang des Colorado-River wechselt von halbwüstenhafte Vegetation, Wüste bis Tundra. Aber auch die Vegetation leidet unter den enormen Wasserentzug des Colorado-Rivers. Die vielen Bäume und Sträucher entlang des Flusses sind verschwunden. Nur die in der Landwirtschaft angebauten Produkte verleiht dem Fluss an einigen stellen eine grüne Farbe (vgl. GÖBEL 1992:224).

6. Auswirkungen der Nutzung auf das Wasser

Im Jahre 2000 begann der Fluss aufgrund vergleichsweise geringer Niederschläge immer weniger Wasser zu führen. Nach der geologischen Untersuchung der letzten 800 Jahre stellten Geologen jedoch fest, dass es umgekehrt in den letzten hundert Jahren zu überdurchschnittlich hohen Regenfällen im Westen der USA kam. Durch deren Ausbleiben wäre die ganze Wasser- und Energieversorgung des US-amerikanischen Westens, die vom Colorado-River abhängt, in Gefahr. Der Lake Powell hat seit 2000 über 60 Prozent seines Wassers verloren. Das Volumen des Lake Mead ist in der gleichen Zeit etwa 40 Prozent kleiner geworden, was einer Wasserspiegeldifferenz von ca. 2 Metern entspricht. Aufgrund der starken Nutzung des Colorado-River Wassers, von der Quelle bis zur Mündung, erreicht der Fluss seine Mündung nur noch als kleinen Bach (vgl. http://de.wikipedia.org/wiki/ Colorado_(Fluss))

7. Lösungsansätze

Eine effektive Maßnahme ist die Flutung des Flusses zur Zeit der Schneeschmelze in den Rocky Mountains. Dies würde zu einer Erneuerung des Altwasser führen und neue Sandbänke können sich im Flussbett anstauen. Dies wiederum wäre gut für die Lebewesen im Fluss, denn so wird neuer Lebensraum geschaffen. Weiterhin sollten Wassersparmaßnahmen in der Landwirtschaft durchgeführt werden. Denn nur 60 Prozent des abgeleiteten

Wassers erreichen die Felder. Ursachen sind eine mangelnde Handhabung und eine hohe Verdunstung. Und ein Verbot des Baus weiterer Dämme verhindert die weitere Verschlechterung der Situation am Colorado-River.

8. Schluss

Der Colorado-River wird auf zahlreiche Arten genutzt. Er wird durch 6 Staudämme gestaut, er liefert Elektrizität, er bewässert viele Felder in der Landwirtschaft, stellt Trinkwasser für die Menschen und vieles mehr. Die Hotel-, Spiel- und Erholungsindustrie zerrt auch vom Wasser des Colorado-Rivers. Sie spielen neben der Landwirtschaft eine wichtige Rolle in der Wirtschaft der Colorado-River Einzugsgebietes. Das Bild des Einzugsgebietes hat sich aber im Verlaufe der Zeit stark verändert und dafür sind die unterschiedlichen Nutzungen verantwortlich. Heute ist das Fischvorkommen viel geringer als früher. Und die Vegetation hat auch an Fülle verloren. Nur die Landwirtschaft verleiht den Colorado-River in einigen Bereichen einen grünen Glanz. Die Zukunft des Flusses sieht nicht gut aus. Immer mehr Wasser wird dem Colorado-River entnommen, da die Menschen mehr Wasser brauchen und die Städte weiter anwachsen. Folge dessen ist die weitere Austrocknung des Flusses und die Mündung wird er eines Tages gar nicht mehr erreichen. Und so wird mein einleitendes Zitat, „Wasser wird zukünftig knapper und wertvoller sein als Öl." und „Die Kriege des 21. Jahrhunderts werden vor allem um Wasser, die Grundlage allen Lebens und Wirtschaftens, geführt werden." bestätigt. Die Regionen am Colorado-River haben noch viele Probleme in den nächsten Jahren zu lösen. Und die Situation wird nicht einfacher, sondern schwieriger.

9. Abbildungsverzeichnis
9.1. Abbildungen

- Abb.1: Einzugsgebiet des Colorado-River
  https://en.wikipedia.org/wiki/Course_of_the_Colorado_Ri
  ver#/media/File:Coloradorivermapnew1.jpg

- Abb.3: Karter der wichtigsten Staudämme am Colorado-
  River
  https://upload.wikimedia.org/wikipedia/commons/1/10/C
  olorado_river_dams.jpg

- Abb.4: Der Hoover-Damm
  https://upload.wikimedia.org/wikipedia/commons/9/9a/H
  ooverDamFrontWater.jpg

- Abb.6: Luftbild des Hoover-Damms
  https://commons.wikimedia.org/wiki/File:HooverDamBrid
  ge01.May2009.JPG

- Abb.17: Canyons und Nationalparke
  http://3dparks.wr.usgs.gov/3Dcanyons/images/colorado_r
  iver.jpg

- Abb.19: Der Bonytail Döbel
  https://upload.wikimedia.org/wikipedia/commons/f/f8/Bo
  nytail_chub_or_bonytail%2C_Gila_elegans%2C.jpg

9.2. Tabellen

- Tab.1: Übersicht über die Staudämme
http://www.desertusa.com/colorado/coloriv/du_coloriv.html
&prev=/search%3Fq%3DCOLORADO%2BRIVER%2BUSA%26hl
%3Dde%26lr%3D

10. Literaturverzeichnis
10.1. Bücher

MEYERS LEXIKONREDAKTION (Hrsg.) (2001): Meyers Großes Handlexikon A – Z, Mannheim.

GÖBEL,P. (1992): Zauber und Schönheit unserer Erde, Verlag Das Beste, Stuttgart.

SCHNEIDER,C. (1997): Faktenlexikon Erde, Wilhelm Heyne Verlag. München.

KRAUSE,D. (1997): Reisehandbuch USA/ Südwesten, 2.Auflage, Iwanowski´s Reisebuchverlag, Dormagen.

10.2. Internet

- http://www.forum-forschung.de/2001/pdf/14nuscheler.pdf
- http://hometown.aol.de/schielandy/Weltreisen/River/
- http://de.wikipedia.org/wiki/Colorado_(Fluss)
- *http://www.canyoncrawler.de/id185.htm*
- http://www.electricworld.de/damm.htm (Hannes Zinnbauer)
- http://www.desertusa.com/colorado/coloriv/du_coloriv.html&
  prev=/search%3Fq%3DCOLORADO%2BRIVER%2BUSA%26hl%3D
  de%26lr%3D
- www.crwcd.gov/river.gif&imgrefurl=http://www.crwcd.gov/riv
  er.html&h=410&w=476&z=101&tbnid=s5hyJ1gSVDMJ:&tbnh=1
  08&tbnw=126&hl=de&start=18&prev=/image%3Fq%3DColorad
  o%2BRiver%26svnum%3D10%26hl%3Dde%26lr%3Dlang_de%26
  sa%3DN
- http://hometown.aol.de/hoschi berlin/reisewelt_usa.html
- http://www.kaibab.org/misc/gc_coriv.htm&prev=/search%3Fq
  %3D%2BColorado%2BRiver%26hl%3Dde%26lr%3D
- SCHRÖDER,B. (2005): Las Vegas - geht der Wüstenmetropole das
  Wasser aus?
- http://www.heise.de/tp/r4/artikel/21/21509/1.html
- http://www.netzeitung.de/wissenschaft/314292.html
- http://www.desertusa.com/colorado/coloriv/du_coloriv.html&
  prev=/search%3Fq%3DCOLORADO%2BRIVER%2BUSA%26hl%3D
  de%26lr%3D
- http://zeus.zeit.de/text/2005/32/U-D_9frre-USA
- http://homepage.hispeed.ch/heiner.brogli/Video.htm
- http://www.crwua.org/colorado_river/environ ment.htm,
- http://www.gly.uga.edu/railsback/CTW/
  ColoradoRiverDams.jpeg&imgrefurl=http://

www.gly.uga.edu/railsback/CTW.
html&h=685&w=900&sz=318&tbnid=eTG8xEfs9cg
J:&tbnh=110&tbnw=145&h
l=de&start=19&prev=/images%3Fq%3DColorado%2BRiver%26s
vnum%3D10%26hl %3Dde%26lr%3Dlang_de%26sa%3DN

- http://www.azdeq.gov/environ/water/download/river.jpg
- http://www.crwua.org/colorado_river/ agriculture.htm
- http://3dparks.wr.usgs.gov/3Dcanyons/images/colorado_river.j
  pg&imgrefurl=http://3parks.wr.usgs.gov/3Dcanyons/&h=441&
  w=322&sz=65&tbnid=0Hyl8XYM_kJ:&tbnh=123&tbnw=89&hl=d
  e&start=2&prev=/images%3Fq%3DColorado%2BRiver%26svnu
  m%3D10%26hl% 3Dde%26lr%3Dlang_de%26sa%3DN
- http://www.crwua.org/colorado_river/recreation.htm
- http://www.crwua.org/colorado_river/environment.htm
- www.farenet.org

www.ingramcontent.com/pod-product-compliance
Lightning Source LLC
Chambersburg PA
CBHW070924180526
45168CB00005B/2138